GIUSEPPE MESSINA S. I.

INIZI
DI
LIRICA ASCETICA E MISTICA
PERSIANA

ROMA
PONTIFICIO ISTITUTO BIBLICO
1938

BIBLICA ET ORIENTALIA - N. 7
(SACRA SCRIPTURA ANTIQUITATIBUS ORIENTALIBUS ILLUSTRATA)

Iura editionis et versionis reservantur
PRINTED IN ITALY

INTRODUZIONE

Questo studio riproduce, alquanto ampliata, una conferenza da me tenuta in gennaio nel Pontificio Istituto Biblico e riprodotta sotto il titolo di "Lirica religiosa in Persia" nella Civiltà Cattolica, 89 (1938), vol. I, 229-244, 415-428, 528-542.

Data l'indole della rivista, non mi son potuto dilungare in questioni tecniche, nè sviluppare ampiamente alcuni punti controversi, a cui ho consacrato solo un accenno. Per uguale ragione la trascrizione di termini e nomi persiani e arabi non segue l'uso corrente tra gli orientalisti. La traduzione di quelle quartine di Bâbâ Tâhir, che si appoggiano sul testo di Huart, suppone una ricostruzione del testo, che potrò esporre in altra occasione.

Lo studio intende offrire un quadro schematico degli inizi della lirica religiosa persiana ed esporre germi e sviluppi della concezione ascetica e mistica in Persia.

Roma, 10 Aprile 1938.

1. Albori di lirica religiosa persiana.

Sentimenti profondi e alti concetti, vivificati da ricca e potente immaginazione, cercano la loro espressione presso tutti i popoli nella poesia lirica, veicolo naturale, che fa risonare negli animi degli ascoltatori la stessa commozione da cui è dominato il poeta.

Presso i popoli orientali, inclini a rivestire il loro pensiero in un linguaggio ricco d'immagini, di luce e d'incanti, abbondano le composizioni liriche, che per profondità di sentimento, oltre quel non so che di esotico delle loro descrizioni, cattivano anche un cuore e un orecchio europeo, adusato in generale a minore esuberanza di fantasia.

E non è solo la ricca veste esteriore che attira, ma anche il contenuto profondo e concettoso, una freschezza di espressione che dipinge al naturale con poche pennellate maestre tutta una scena, una parola che odora di profumi orientali, una certa diffusa tristezza e amarezza di cuore insaziato e tutto questo in un ritmo che culla e carezza. Non è quindi meraviglia se genii poetici, come il Goethe, se ne lasciarono conquidere.

Nella lirica, come del resto in molti altri generi letterari, il popolo persiano non fu secondo a nessuno in tutto l'Oriente. Ed esso vi profuse tanta profondità di pensiero, tanta dovizia d'immagini, tale soavità e varietà di ritmi che commuove.

Anche nel Persiano dei nostri giorni è innato il gusto per la poesia e per il ritmo ed è facile convincersene quando si assiste, come ho avuto l'occasione di farlo nell'Iran, a quei cenacoli poetici, che si trovano un po' in tutte le città del vasto territorio, in cui i giovani si avvicendano con persone mature, gli studenti coi professori nel recitare e declamare le loro composizioni poetiche, sia in lingua persiana, sia nei vari dialetti iranici.

Ma dove la lirica persiana tocca il sommo è nel genere gnomico e religioso; in esso il Persiano ha espresso la sua severa e pratica concezione etica e la profondità d'ispirazione religiosa e ha lasciato lungo i secoli opere di perenne indistruttibile bellezza.

*
* *

Una lirica in lingua persiana che canti con elevata ispirazione il distacco totale dal mondo e l'incanto dell'unione con Dio si ritrova in Persia solo alla fine del secolo X.

L'autore ne è Abû Saîd Fadl Allâh b. Abi-l-Chair, vissuto dal 7 dicembre 967 al 12 gennaio 1048, nativo di Mihna nel distretto di Châwaran nel Chorâsân (1).

Nel *Kashf al-Machjûb* di Hujwîrî ci viene riferito (2): « Egli fu il sultano della sua epoca e l'ornamento della via mistica. Tutti i suoi contemporanei furono a lui sottomessi, alcuni grazie alla loro profonda percezione, altri grazie alle loro eccellenti credenze, altri a ragione del potente influsso dei loro sentimenti spirituali ».

L'opera *Haft Iqlîm* (3) ci dice che Abû Saîd aveva

---

(1) Di questo lirico HERMANN ETHÉ pubblicò 92 quartine con traduzione tedesca sotto il titolo: *Die Rubâis des Abû Saîd bin Abulkhair*: Sitzungsber. der k. bayerischen Akademie, phil.-hist. Cl., 1875, p. 145-168; 1878, p. 38-70 (citato: ETHÉ I, II); 400 quartine furon pubblicate da MAWLAVÎ ABDU 'L-WALÎ: *Journal of Asiatic Society of Bengal*, vol. V, no. 11 (1909) e vol. VII, no. 10 (1911); e 112 da H. D. GRAVES LAW nello stesso giornale; cf. inoltre ITALO PIZZI, *Storia della poesia persiana*, Torino 1894 I, p. 209-211, 249-50; ED. BROWNE, *A literary history of Persia*, London 1902-1906, II, 261-269; R. A. NICHOLSON, *Abû Saîd Fadl Allâh*: Enzyclopädie des Islâm I, p. 110 s.; sulle diverse forme, con cui ci è tramandato il suo nome, cf. C. A. NALLINO, *Rivista di Studi Orientali*, 8 (1919-20), p. 551 n. 2.

(2) Vers. NICHOLSON, London 1911, p. 164.

(3) ETHÉ I, p. 146 ss.

raggiunto la perfezione nelle scienze più diverse; ma di poi, abbandonate le sue passate occupazioni, vestì l'abito dei dervisci. Per sette anni consecutivi sedette in un angolo, si turò le orecchie con bambagia, non dormì notte nè giorno e ripetè senza interruzione: Allâh! Allâh! fino a che porte e finestre non riecheggiarono della sua invocazione. Dopo andò nel deserto e visse in dimestichezza con gli animali selvatici, sommamente venerato da tutti.

Nella stessa opera si riportano vari suoi detti, tra gli altri i seguenti: « quanto più si sa del mondo, tanto meno si sa di Dio ». Ad uno, che domandava in che cosa consistesse l'essenza del *sûfî* (cioè: asceta), rispose: « nell'espellere tutto ciò che hai in testa, nell'abbandonare tutto ciò che hai in mano, nel non indietreggiare da tutto ciò che ti possa accadere ». Interrogato sull'amore, disse: « l'amore è la rete, o il laccio, in cui Dio piglia l'uomo ». E ancora: « il velo che nasconde Dio al servo non è nè il cielo, nè la terra, nè il trono, nè lo sgabello: tu stesso e le tue illusioni sono il velo e, quando rimuovi tutto questo, sei pervenuto a Dio ».

A chi gli parlava di un asceta, che poteva camminare sulle acque, di un altro, che poteva sollevarsi in aria, d'un terzo, che in un batter d'occhio si trasportava da una città all'altra, replicava: « la rana può nuotare e la rondine sfiora l'acqua, la cornacchia e la mosca fendono l'aria e il diavolo può passare in un istante dall'Oriente all'Occidente. Queste cose non hanno importanza: vero uomo è colui, il quale abita tra i suoi simili, compra e vende, si associa con le altre creature senza dimenticare Dio neanche per un momento » (1).

Queste e simili concezioni, che vedremo sviluppate nelle quartine di Abû Saîd, ci si presentano con la freschezza primaverile di un germoglio e nello stesso tempo con la bellezza di una pianta arrivata a maturità. La lirica religiosa, appena nasce, è già matura; fino al secolo X difatti nulla si era visto di simile in Persia.

---

(1) BROWNE, l. c., p. 168.

*
* *

Senonchè, quando si tratta di letteratura neo-persiana non bisogna perder di vista che i dotti e letterati persiani, i quali, dopo l'invasione degli Arabi, passarono all'islam, smisero di scrivere nella loro lingua e gareggiarono con gli Arabi nelle composizioni in arabo.

L'arabo era l'idioma dei conquistatori e la lingua di corte e solo una conoscenza approfondita di essa poteva aprire l'adito agli onori e alle cariche. Il poter cimentarsi con gli Arabi nel virtuosismo della poesia e nella esuberanza della prosa divenne per i Persiani un titolo, che, aggiunto alla loro riconosciuta esperienza nell'arte del governo e nel maneggio degli affari, valse loro influsso e prestigio. E non è d'uopo insistere sul motivo che lo scrivere in arabo doveva passare come una guarantigia della fede ortodossa dei nuovi convertiti.

Il pehlevi, la lingua persiana allora in uso, fu adoperata in prevalenza da sacerdoti fedeli all'antica religione mazdea; in essa furono scritti libri di scienza e romanzi, tradizioni mitiche e storiche, ma di tutta questa letteratura ci son pervenute quasi solo le parafrasi e i commentari religiosi degli antichi libri mazdei. Quindi, senza che riesca possibile seguire il passaggio dal medio-persiano al neo-persiano, c'incontriamo nell'809 con il primo documento persiano, una breve ode, composta da un tale Abbas, in occasione della visita a Merw di Mamûn, figlio del noto califfo Hârûn al-Rashîd.

Migliori tempi corsero per la lingua neopersiana, quando sorse una dinastia nazionale nell'Asia Centrale, quella dei Samanidi, e un impulso potente venne dato allo svolgimento delle lettere persiane da Rûdakî, poeta persiano, morto a mezzo il secolo X. La corte di Ghazna poi e specialmente il secondo sultano Mahmûd (regnò dal 998 al 1030) protesse i poeti persiani, li ammise in corte e ne stimolò l'emulazione, creando il poeta di corte. E proprio in questo tempo abbondano le poesie in una lingua persiana così progredita, che i secoli posteriori poco vi hanno aggiunto. Il periodo d'incubazione e di sviluppo di questa lingua ci è interamente sconosciuto.

Lo stesso deve dirsi anche del contenuto della lirica religiosa, di cui trattiamo.

Ritroviamo fin dall'inizio un lessico già ben fisso di termini religiosi e una tendenza al simbolismo, rimasta poi classica nella lirica persiana. Termini e immagini sono quasi sempre tolti dal linguaggio dell'amore: Dio è il diletto, il favorito, il mescitore, il coppiere, la candela fiammaneggiante; l'uomo è l'amante in pena nostalgica, l'ebbro di vino, la farfalla che vola attorno alla fiamma e si lascia bruciare. Se Dio si rivela, mostra il suo viso; se si occulta, le sue nere chiome; l'aspirazione dell'uomo è il suo amplesso, l'unione con lui è l'ebbrezza, il vino è l'estasi, l'oste è il maestro, l'osteria la scuola degli arcani di Dio. Oltre quindi il linguaggio dell'amore, troviamo la terminologia dei cantori del vino, volta però ad un senso alto e spirituale. Appunto per questo in alcuni poeti persiani, e anche hindù, non sempre riesce facile vedere se nelle loro poesie intendano cantare l'amore terrestre o l'amore celeste.

Appare inoltre una concezione ascetico-mistica evoluta: Dio è la fonte dello splendore e della beltà, anzi l'unica luce, l'unica bellezza e l'unico vero esistente. Le creature rispecchiano molto pallidamente e fuggevolmente le sue perfezioni e, nella unione con lui, splendono della sua luce, mentre da lui staccate son men che nulla. L'unione con Dio è l'unico vero bene che riempie l'anima; ma per arrivarvi è necessario il distacco da tutte le ambizioni, dai beni terreni e un totale abbandono in Dio.

D'un colpo ci si presenta nella poesia persiana una linfa zampillante e freschissima, un maestoso ruscello, senza che possiamo cercarne la sorgente. Anzi quello che ci resta dell'antica letteratura religiosa iranica, con qualche rara eccezione, ci porterebbe a credere che nell'Iran un tal volo di pensiero, una lirica sì entusiasta non dovesse mai attecchire.

*
* *

Difatti, se si comprende facilmente che una concezione interiore di potente elevazione abbia potuto fiorire nell'India anche in tempi molto remoti, nulla ci indurrebbe a preveder alcunchè di simile nell'Iran.

Gli Indi, immigrati nel Pangiâb, trovarono una terra ferace e protetta da alte montagne. La terra forniva largamente il necessario alla vita senza richiedere molto lavoro agli uomini. In questa condizione di benessere materiale, l'Indo, spezzate le resistenze indigene e smesso l'uso delle armi, sentì l'impulso di concentrarsi, di darsi alla meditazione dei misteri della vita. Apprese a stimare i sommi beni dello spirito e sentì disgusto del tenore pedestre della vita ordinaria, provò la noia del lusso e della sazietà e gustò il fascino del distacco e dell'indigenza. Nè la tranquillità della vita veniva turbata da incursioni di tribù nemiche, perchè le inaccessibili vette facevan buona guardia. Quest'ambiente si prestava alla contemplazione e questa vi fiorì.

Diverse invece furono le condizioni trovate dagli Irani nella loro immigrazione nell'altipiano, che ebbe da essi il nome.

Si trovarono a contatto con popoli guerrieri e potenti e dovettero contentarsi a principio di esser tollerati. E quando, forse dopo lunghe lotte con gli Assiri a noi rimaste in parte sconosciute, passarono da tributari a indipendenti, fu d'uopo restar sempre con le armi alla mano contro Assiri e Neo-Babilonesi e tener l'occhio vigile verso l'Oriente, dove una grande porta era aperta alle incursioni di nomadi Turani, che piombavano nel territorio, lo devastavano e saccheggiavano e si ritiravano scomparendo nella steppa.

E il territorio non era munifico nè generoso: l'Irano doveva difendersi dalla siccità del clima, dall'asprezza della regione e strappare faticosamente alla terra il necessario per la vita. Tra le necessità di difesa e il lavoro assillante e quotidiano quei fieri montanari e pastori non erano inclini alla quiete della contemplazione.

Zarathustra, abolendo il politeismo antico, annunziò un'alta e nobile religione, ma da essa il popolo apprese sopratutto un codice di moralità serio, austero, pugnace. Le pratiche del culto furono ridotte al minimo, e il lavoro dei campi, le bonifiche e l'opera manuale vennero considerate come azioni religiose meritorie: era una morale soda, ma che non dava posto all'ascesi e ancor meno alla mistica, nonostante i voli spirituali degli inni di Zarathustra. La famiglia e la sua fecondità era un dovere religioso, santo era il mantenersi sano e robusto e moltiplicare i beni della terra. Supremo dovere era quello di combattere accanto al Saggio Signore, con tutte le armi, il male sia morale sia fisico.

Questo codice religioso, che fioriva ancora, sebbene alquanto ischeletrito, al tempo della invasione araba, non spiega tuttavia il movimento ascetico e mistico nell'Iran.

Ma nonostante le apparenze, nei primi secoli della nostra era, sorsero movimenti che dovevano gettar i germi della futura fioritura ascetica. Sarebbe prolisso il dilungarsi su di essi. Qui ci basti dire che la concezione religiosa lirica, di cui Abû Saîd è uno dei più illustri rappresentanti, si ricollega con quel movimento *sufico*, che mosse i primi passi già durante la vita di Maometto.

Il sufismo è un movimento religioso ascetico-mistico. Deriva il suo nome da *ṣûf*, parola araba che indica una specie di saio tessuto di peli di camello; chi rivestiva questo saio (1) era chiamato *ṣûfî* (come da noi dal cappuccio si chiamano i Cappuccini) e *ṣûfismo* in Europa indicò una particolare dottrina ascetico-mistica e una pratica ad essa conforme.

---

(1) Il quale fino al 3º sec. dell'egira fu semplice segno di un voto di penitenza e poi divenne abito monastico regolare, L. MASSIGNON, *Essai sur les origines du lexique technique de la mystique musulmane*, Paris 1922, p. 131.

Nell'Islam il sufismo apparve qual reazione alla sete delle ricchezze e dell'opulenza, seguita ai ricchi bottini di guerra: oppose quindi alla vita gaudente e mondana il ritiro e la povertà, all'aridità della legislazione e all'accomodante esegesi di alcuni giuristi musulmani una linfa di spirituale interiorità e di entusiastico impeto verso Dio. Fu quindi moto di reazione, che si fece coll'esempio e talvolta anche con la critica aperta all'andazzo del giorno (1).

---

(1) I. GOLDZIEHER, *Vorlesungen über den Islam*, Heidelberg 1910, c. 4, p. 138-200; *Materialien zur Entwicklungsgesch. des Sufismus*; *Wiener Zeitschrift für die Kunde des Morgenlandes*, 13 (1899) 35 ss.; C. NALLINO, *Sufismo*, *Enciclopedia Italiana*.

2. Quartine di Abû Saîd.

Abû Saîd non è solo una delle principali figure del sufismo persiano; ma anche l'iniziatore della lirica sufica persiana e, originalissimo nel pensiero e nelle immagini, creò quel linguaggio simbolico, che divenne poi il tradizionale canone di espressione di tutti i lirici religiosi.

Per esprimere in forma poetica concisa le sue idee egli si serve della quartina, che con Rûdakî (1), aveva fatto il suo ingresso nella letteratura persiana, ma Abû Saîd fu il primo a darle un contenuto religioso elevato e a renderla veicolo di concezioni spirituali presso il popolo. Il mezzo fu efficacissimo: quel componimento breve s'imprimeva facilmente nella memoria degli ascoltatori, non altrimenti che i nostri stornelli, e Raimondo Lullo accennava probabilmente a queste quartine isolate, che divennero poi comunissime tra i Persiani ed ebbero tra i più illustri rappresentanti, oltre il nostro, anche Omar i Khayyâm, quando egli scrive che nel comporre il libro « Il diletto e la diletta » s'ispirò ai sufi saraceni, i quali insegnano « parole di amore ed esempi succinti che danno all'anima grande devozione » (2).

Le quartine di Abû Saîd (3), che farò seguire, sono

---

(1) Su Rûdakî cf. DENISON ROSS, *Rûdaki and Pseudo-Rûdaki*: *Journ. Royal As. Soc.*, 1924, p. 608-644.

(2) Cf. *Revue d'ascétique et de mystique* 5 (1925) p. 371, n. 1.

(3) Riguardo a queste quartine non è possibile risolvere la questione quali siano autentiche e genuine, quali no; lo stesso del resto può dirsi delle quartine di Omar i Kayyâm; è probabile che attorno a un nucleo genuino ce ne siano altre di diversi autori, attribuite poi ad Abû Saîd a causa della somiglianza di contenuto. Per conoscere quindi la vera concezione del nostro autore, oltre che alle quartine, bisogna ricorrere alla tradizione dei

state da me tradotte: ho scelto come metro il settenario doppio, perchè m'è sembrato che conveniva meglio di tutti gli altri al modello persiano. Il verso persiano comincia generalmente con due lunghe e talvolta con tre; eccetto il terzo verso, gli altri tre hanno la stessa rima, spesso anzi la stessa parola, ciò che naturalmente contribuiva a farlo imprimere più facilmente e profondamente nella memoria. Ho procurato d'imitarlo nella traduzione anche in questo.

E' proprio tema di queste poesie la futilità delle cose terrene, la quale persuasione spinge al distacco dell'effimero per attaccarsi all'eterno. Quindi s'insiste sulla purificazione del cuore e sullo spogliamento. Ma quando si è lasciato tutto, si inculca fiducia piena in Dio, che provvederà alle necessità umane molto meglio di quello che non possa fare l'uomo. E questa fiducia riempie l'anima di tranquilla felicità.

Con un seguito di bellissimi paragoni il poeta esprime questo pensiero in diverse quartine, di cui ecco qualche esempio: (1)

(49) *Se di terreni vincoli l'alma non si disfà,*
La conchiglia dell'essere perla non formerà! (2)
Colmo d'inezie un nappo di vino non si riempie,
E capovolto il calice vino non conterrà!

Si noti subito il linguaggio: la perla, il vino, di cui si parla, è l'unione con Dio; a questa unione non si perviene se non distaccandosi da tutto, vuotando la testa dalle ambizioni umane e tenendola rivolta non verso la terra ma verso gli ideali celesti.

Ed in un'altra quartina egli palesa la felicità che

---

contemporanei su di lui, uno studio che è stato egregiamente assolto da R. A. NICHOLSON, *Studies in Islamic Mysticism*, Cambridge 1921, p. 1-76.

(1) I numeri posti all'inizio di ogni quartina corrispondono ai numeri del testo persiano nella pubblicazione di ETHÉ, sopra citata.

(2) Allude all'idea degli antichi che la conchiglia per formar la perla deve chiudersi alla massa dell'acqua marina e non ritenere che solo una goccia di pioggia.

prova nell'essersi staccato da tutto, e nel rimettersi alla
provvidenza di Dio:

(39) *Dalle terrene angustie staccato, io son felice!*
Al mattin della cena non curo, e son felice!
Se grappoli maturi a me l'oste imbandisce,
Nessun desio degli aspri m'appena e son felice!

Le azioni esterne del culto passano totalmente in seconda linea in confronto a questo distacco, anzi perdono qualsiasi importanza, se chi le compie ha ancora la mente e il cuore pieni di desideri futili e di ambizioni umane:

(51) *Se nelle inezie è l'alma, polve baciar che vale?*
Se il cor s'avvelenò, la teriaca che vale?
Di rilucenti vesti di te l'esterno adorni!
Splendenti pure vesti e sozzo cor che vale?

L'asceta mira al sodo ed esige che l'interno sentire concordi con le esterne pratiche, in cui immette così un alito di profonda interiorità. Questa ascesi non misconosce nessuno degli obblighi morali, anzi in essi egli vede un gradino per avvicinarsi a Dio:

(41) *Di Dio l'intimità tu vuoi? benevol sia,*
Bene d'ognun discorra, presente o assente ei sia!
E qual terso mattino vero e fedel sarai,
Se qual sole ugual luce lo sguardo a tutti invia.

Al di sopra di tutte le virtù morali l'asceta pone l'amor del prossimo e la misericordia:

(1) *Colui che un cor in pena con balsamo lenisce,*
Val più di chi un migliaio di templi riabbellisce;
E di colui che liberi di schiavi una ventina
Più val chi con l'amore un libero asservisce!

Dall'uomo il nostro sufi nulla s'aspetta, come nulla si aspetta da alcun bene della terra; egli tutto spera da Dio e a lui solo vuole render grazie:

(46) *Con le celesti gioie tu rendimi possente*
E della vera luce tu fammi il cor splendente
E senza che al creato riconoscenza io debba,
Di me sazia, o Signore, l'anelito cocente!

Questa libertà e indipendenza dagli altri uomini si manifesta anche nella noncuranza dei loro giudizi: parlando di quelli che lo ammiravano (e di ammiratori, come abbiam visto, molti ne aveva) egli dice che, se potessero intuire quello che fermenta al fondo del suo cuore, lo reputerebbero degno delle fiamme della gehenna, e prega Dio che a lui doni o tolga secondo la sua clemenza e non secondo quello ch'egli merita. Ma con uguale libertà e con pungente sarcasmo egli non cura il giudizio che il nemico possa portare sulla sua persona:

(8) *Se il nemico m'osserva, sol male in me rimira.*
Se un difetto in me trova, ben cento ne rimira,
Lucido specchio io sono; in me chi si riflette,
Il bene ed il suo male in se stesso rimira!

Da un uomo, il quale prima di distaccarsi dal mondo aveva passato lunghi anni nello studio e nella speculazione, è istruttivo sentire l'idea, che si fa dell'attività intellettuale. Egli la chiama landa sterile, deserto, e definisce la speculazione uno spaccar di peli che non fa avanzar d'un pelo l'uomo. Egli vuole abolite scuole e moschee, perchè l'uomo torni in sè e trovi nell'intimo del suo cuore la via a Dio:

(7) *Se nella scura landa il core si rimise,*
Mai d'un pelo avanzò, e peli ne divise!
E se parve che l'alma mille soli raggiasse,
La perfezion dell'atomo alla fin non conquise!

E in altra quartina:

(10) *Finchè moschee e scuole in polve non andranno,*
Gli sforzi d'un asceta nel vuoto ricadranno;
Se fede e infedeltà pari non si terranno,
Genuini musulmani giammai non se n'avranno!

Sappiamo che quando l'asceta così si esprime non intende condurre una lotta contro la coltura dello spirito, ma vuole solo che questo attinga le sue conoscenze, le sole conoscenze ch'egli crede veramente utili all'uomo, ad una fonte più alta, all'intuizione amorosa di Dio (1). E' un pensiero del resto che si ritrova anche in Ghazâlî, di cui non fa dubbio l'ortodossia, sebbene in forma meno violenta di quella di Abû Saîd, il quale teneva poco all'Islam. Egli mostra la differenza che corre tra la conoscenza speculativa e l'intuitiva con un bel paragone. Supponiamo, dice, che si voglia portar l'acqua in un bacino scavato in terra; ciò può farsi per mezzo di canali partenti da fonti esterne; ma forse, scavando all'interiore del bacino e togliendovi strati di terra, si giungerà a scoprire una sorgente d'acqua più abbondante e meno soggetta a disseccarsi. Il cuore umano è simile al bacino: la scienza può esservi portata di fuori coi canali dei sensi, ma se l'uomo chiude tali canali colla solitudine e col ritiro e scava nel fondo del suo cuore, spazzandovi tutte le cure mondane, vi vedrà sprigionarsi la scienza che lo colmerà interamente. E identico pensiero si scorge in quel che ci vien narrato dell'incontro di Abû Saîd con Ibn Sînâ (Avicenna): nel separarsi Ibn Sînâ esclamò: « tutto quello ch'io conosco egli lo vede » e Abû Saîd di rimando: « tutto quello ch'io non vedo egli lo conosce ». In fondo esprimeva la sua idea della futilità di tutto quello che resta fuori dell'intuizione religiosa.

*
* *

Ed è questa intuizione religiosa, questa unione con Dio a cui il sufi aspira: il distacco difatti non è che una preparazione: si rompono i legami, si vuota il cuore, si guarda all'alto per poter formare la perla, per potere esser ricolmo del vino che inebria: tutte figure, che indicano l'unione con Dio e la grazia del suo amplesso.

---

(1) Di Abû Saîd difatti vien riferito il seguente detto: « Avevo molti libri, e per quanto io costumassi di rivoltarli e li leggessi uno dopo l'altro, non potevo trovar pace alcuna. Pregai Dio e dissi: "Signore, questa lettura e questo apprendere non rivela nulla al mio cuore. Anzi mi porta al punto che io perdo te, o mio Dio" ». Cf. R. A. Nicholson, l. c., p. 9.

Come scrive Ghazâlî (*Ichya*, II, 161, 1. 5 infra) « purificata l'anima dai vizi mediante la disciplina ascetica, importa che il novizio capisca che la bestia indomita non si educa e mortifica per il puro gusto di educarla e mortificarla: ciò che si domanda è di domarla, per potersene servire di cavalcatura e veicolo, sul quale andare comodamente fino al termine del viaggio, che si è proposto. Non diversamente il corpo è il veicolo e la cavalcatura dell'anima, sovra cui ha da percorrere il cammino, che la conduce alla vita futura. Certo la bestia tiene appetiti che, se non s'infrenano, la sopraffaranno e andrà sviata. Ma occupar tutta la vita nella disciplina ascetica è tanto assurdo quanto sprecar tutto il tempo che viva la bestia in domarla senza cavalcarla mai » (1).

Anche per il nostro sufi l'ascetica non è che la preparazione all'unione amorosa con Dio, e che questa intuitiva amorosa conoscenza, o gnosi che dir si voglia, sia possibile, è per lui, che ha faticosamente percorso la via del distacco, una certezza. Però è anche intimo il convincimento che tale unione è un dono che Dio graziosamente fa all'anima preparata, la quale nelle sue forze nulla confida e da Lui tutto spera:

(6)   *Di tua clemenza mai servo deluso stette,*
       E se da Te prescelto eterno amor godette;
       A qual fango un istante l'amore tuo s'unì
       Che al par di mille soli e meglio non splendette!

E la certezza di questa possibilità s'appoggia sul fatto che l'anima dell'uomo ha una tendenza naturale a ritornare all'Unità, da cui si è distaccato nel venire all'esistenza: si ascolti difatti questa quartina:

(30)   *Allor che non luceva stella nè firmamento,*
       E non si dava acqua, nè fuoco, terra o vento,
       Dell'Unità gli arcani ben alto io proclamavo,
       Eppur voce non ero, nè corpo o scernimento!

---

(1) M. As. Palacios, *La espiritualidad de Algazel y su sentido cristiano*, t. II, Madrid 1936, p. 9-10.

Egli si raffigura l'umanità come una caravana in cerca del suo riposo, la quale, dominata sempre da una profonda pena nostalgica, bagna di lagrime cocenti ogni pietra lungo il cammino.

(12) *La caravana va, nè più ciottolo affiora*
Che del cuore e degli occhi il sangue non colora;
Nè c'è farsanga (1) o angolo dove s'incontri un'alma,
Che il tormento di Te e il cruccio non accora!

E parlando di sè così si esprime:

(14) *Quel che conquide l'alma è questo mio dolore,*
Quel che non trova cura è proprio quest'amore,
E da quest'occhi sempre il sangue mi zampilla,
E la mia notte è quella che non mi porta albore!

E per aver il dono dell'unione si sente disposto a soffrire tutti i tormenti:

(22) *Dal mondo mi ritraggo, se tu me lo comandi,*
Beni o mali non curo, se tu me lo comandi,
Sur un rovente letto mi stendo, se ti piace,
E pur la vita t'offro, se tu me lo comandi!

Nell'esprimere poi il pensiero che solo Dio è l'unico bene, ch'egli ricerca con tutte le fibre dell'anima, egli ricorre anche ad espressioni paradossali:

(28) *Il dì che del tuo amplesso il sommo dono avrò,*
Delle celesti gioie incurante sarò;
Se ad un Eden mi chiaman che sia di Te orbato,
Del celeste soggiorno stretta nel cor avrò!

Bellissima è la quartina, in cui descrive l'avvicinarsi del diletto e la fuga del cuore per afferrarlo:

(43) *Col vento mattinal il tuo profumo venne,*
Il cor mi disse: addio! e a tua ricerca venne,
Del corpo alcun ricordo ormai più non mantiene
E gustato il profumo, l'essere tuo rattenne!

---

(1) Misura persiana di poco più di sei chilometri.

Ma perchè questo stato è fugace, all'incanto e all'ebbrezza segue il dolore, la rimembranza, le proteste di fedeltà e di amore, e il sufi trova consolazione solo nel pianto:

(16) Di te la rimembranza sta notte e dì nel core,
Del tuo viso l'incanto s'annida calmo in core,
E mai del tuo servizio rilascerò l'anello,
Se di tua vita splende la gemma del mio core!

(26) Il mio cor solo aspira sempre all'amor di Te,
E solo affanni cerca e sol pene per Te;
E perchè d'alcun altro l'amor non vi germogli,
Del cor l'aiola sterile rese l'amor di Te.

In una quartina immagina di esser andato da un medico per aver un lenimento al suo dolore, gli domanda la dieta e l'astinenza:

(18) Al medico svelai l'intero mio dolore.
Rispose: coll'amico sol conversi il tuo core;
E io: qual dieta? rispose: del cuore il puro sangue,
E d'ambo i mondi caccia dal tuo core l'amore!

E in altra quartina:

(3) L'amore mi cosperse l'alma di gran tormento;
E scomparve ragione, senno e intendimento;
Sol gli occhi giù ai miei pie' lagrime riversarono;
Niun altro mi sorresse amico in quel tormento.

Egli desta l'impressione di uno stolto:

(20) Col dono del tuo amore di cruccio mi colmasti,
Saper, intelligenza e senno mi rubasti;
Posato su' tappeti guardavan in rispetto,
Adesso in pazzo ed ebbro, o amor, mi trasformasti!

Un sufi che voleva veder abbattute scuole e moschee non può aver troppe tenerezze e meno ancora preferenze per l'Islam, sebbene egli fosse musulmano. Del resto, i

Persiani, pur avendo abbracciato, buono o mal grado, il Corano, ci tennero sempre a volersi differenziare in qualche cosa dagli Arabi anche nella religione. E Abû Saîd non si meraviglia punto che in lui altri non trovi colore di musulmano (un accenno forse alle difficoltà che gli vennero da parte di altri per le sue dottrine) e che verso un « cane di Franco », com'egli si esprime, si sia più umano che verso di lui. Ma non fa nulla: per lui le religioni diverse non sono che vie diverse per tendere a Dio:

(37) *Se il piede Ti ricerca, ogni sentiero è santo!*
E varie son le vie, ma il tuo amplesso è santo!
E per l'occhio che vede la tua beltade incanta!
E diverso è l'eloquio, ma se a Te inneggia è santo!

Nonostante la diversità delle vie, comune è il fine: l'unione con Dio, il perdersi in Dio. Quando si arriva a questo stato si arriva alla perfetta Unità, da cui ci si era distaccato venendo sulla terra. E questa è, secondo lui, il significato vero della formula musulmana: « non c'è Dio se non Dio! »:

(54) *Il saggio che penétra gli arcani alti di Dio*
Di se tutto si sveste e si disperde in Dio,
L'uman esser rinnega, l'esser di Dio confessa,
E vedrai che: non c'è deità se non Dio!

Arrivato quindi all'unione per il nostro lirico non esiste più altri che Dio, che si identifica coll'amante e coll'amore, e rivolto a lui così si esprime:

(17) *Di chi con tua beltà pensi rapir lo sguardo?*
Son l'unico Esistente, di me quindi lo sguardo!
Amante io sono e amato ed ugualmente amore,
Bellezza io sono e specchio ed occhio con cui guardo!

Prima del nostro lirico, Bistâmî (Abû Yasîd al-Bistâmî + 874 p. C.) esprime lo stesso concetto con queste parole: « peregrinai da Dio a Dio fino a che si elevò da me a me il grido: o tu io ». E uguale idea esprime con altra figura: « io sono il bevitore, il vino e il coppiere », cioè il mistico, l'estasi e Dio stesso (1).

In altri sufi persiani s'incontra la stessa idea, svolta secondo la dottrina della metempsicosi, un fatto che mostra influssi indiani nella concezione persiana. Così per esempio in Ibn Yamîn (+ 1368) (2):

« *Dal vuoto del nulla passai ad un'esistenza di pietra — e poi da minerale in pianta. Questo scomparve!*

Dopo ciò ebbi più gentil forma di vita tra gli animali — Quando a ciò pervenni tale stato sorpassai. Questo scomparve!

Appresso, in petto umano non più qual bruto — trasmutai la tenue goccia del mio essere in una perla. Questo scomparve!

Di poi cogli Angeli il santo tempio — percorsi e con occhi felici contemplai. Questo scomparve!

Infine presi il cammino verso di Lui e, svestitomi di Ibn Yamîn, — tutto Lui divenni e il resto abbandonai. Tutto il resto scomparve (3).

---

(1) Von Max Meyerhof, *Persisch-Türkische Mystik*, Hannover 1921, p. 25-6.

(2) Edw. Browne, *Literary history of Persia*, III p. 211 ss., testo persiano a p. 216-17.

(3) Un secolo prima di Ibn Yamîn le stesse idee in simile forma erano state espresse da Jalâlu-d-Dîn Rûmî nella sua opera *Masnawî*, cf. Browne, ib. p. 217-18.

3. Quartine di Bâbâ Tâhir.

Contemporaneo del celebre lirico religioso, Abû Saîd, è un altro sufi, ugualmente persiano, Bâbâ Tâhir Uryân, nativo di Hamadân, nell'antica Media.

Non si conosce l'anno della sua nascita nè quello della sua morte, ma viveva ed era molto venerato dai connazionali circa il 1055-8, perchè ci vien riferito un suo colloquio in quell'epoca (1) col sultano turco Tughril Beg, di passaggio ad Hamadân. Questo sufi, del pari che il suo contemporaneo Abû Saîd, dà sfogo ai suoi sentimenti religiosi ugualmente nelle quartine, delle quali ci è pervenuto un buon numero, e sono ancora oggi molto popolari nell'Iran, scritte in dialetto: il che prova che anche presso il popolo la quartina dal contenuto spirituale e le concezioni dei sufi trovavano risonanze e non erano prerogativa solo d'intellettuali, stanchi della speculazione e disgustati o sazi della vita pedestre giornaliera (2).

Le quartine di Bâbâ Tâhir integrano, quanto al contenuto, quelle di Abû Saîd e ci permettono quindi un colpo

---

(1) EDW. BROWNE, o. c. II, p. 260.

(2) M. CLEMENT HUART pubblicò il testo di 59 quartine con traduzione francese: *Les quatrains de Bâbâ Tâhir Uryân*, nel *Journal Asiatique*, sér. VIII, vol. 6 (1885) p. 502-545, inoltre *Nouveaux quatrains de Bâbâ Tâhir Uryân*, in *Spiegel Memorial Volume*, Bombay 1908, p. 290-302, citato Huart I, II; una pubblicazione di 62 quartine con versione inglese in prosa fu data da EDW. HERON-ALLEN, *The lament of Bâbâ Tâhir Uryân*, London 1902, a cui fu aggiunta una traduzione in versi da EL. CURTIS BRENTON; una traduzione tedesca, senza testo persiano, venne data alla luce da GEORG LÉON LESZCZYNSKI, *Die Rubâyât des Bâbâ Tâhir Uryân, oder die Gotteständen des Herzens*, München 1920 (non ho potuto consultarla); lo stesso autore pubblicò la versione tedesca di 44 quartine e una gazzella (ode) in *Der Neue Orient*, Bd 6 Heft 1.

d'occhio più comprensivo sulla dottrina spirituale dei sufi persiani. Esse sono di una straordinaria freschezza ed esprimono con profondo sentimento il bisogno di Dio e la preparazione dell'anima per unirsi a Lui (1).

Fondamentale tema delle quartine religiose è l'idea, che quando Dio è lontano non c'è gioia per l'uomo e che solo Dio è il rifugio dell'uomo:

(2) Senza di Te, Signore, mai rosa s'incolori,
O, se sboccia, il profumo dolce nessun odori!
Se, Te lontano, il core apre al sorriso il labbro,
Il sanguinoso pianto le sue pupille accori!

Il lirico si sente senza patria, senza casa, nomade e straniero, e non s'aspetta alcun riposo presso gli uomini e solo a Dio si rivolge per esserne raccolto:

(6) Senza patria mi trovo, da chi dovrò rivolgermi?
Nomade, estraneo sono, dove dovrò rivolgermi?
D'ogni porta respinto vengo alla fin da Te,
Se la tua porta mi neghi, da chi dovrò rivolgermi?

E leggermente modificandolo esprime lo stesso pensiero in altra quartina:

(5) Se Tu, Signor, non sei, in chi esser potrò?
Fin a quando dal sangue spente pupille avrò?
Se un rifugio mi manca, da Te ritornerò,
Ma se Tu pur mi manchi, dove mi volgerò?

Egli sente che la sua natura gl'impedisce di darsi tutto a Dio, che i sensi vagano lontani dal termine delle sue aspirazioni, che gli occhi e il cuore distraggono da Dio e si lagna di ciò ed è pronto a farne il sacrificio:

(20) Piango, chè schiavo sono degli occhi e del mio core,
E ciò che l'occhio vede lo mette in serbo il core!
Mi foggerò d'acciaio un'appuntita spada,
Cavami gli occhi e libero, deh, tu mi renda il core!

Per effettuare il distacco egli vede l'importanza del dolore e ne celebra la nobiltà, con una bellissima imma-

---

(1) I numeri all'inizio di ogni quartina corrispondono ai numeri del testo persiano nell'edizione di Heron-Allen, eccetto dove si cita espressamente Huart.

gine, in cui esprime, che quanto più si soffre tanto più si vale:

(12)   *O voi dal cor bruciato, venite, su ci uniamo,*
Conversiamo e le pene cocenti disveliamo,
Qui le bilance, il pondo delle angoscie proviamo,
Che quanto più bruciamo tanto di più pesiamo!

E le pene ch'egli apprezza di più, le pene più dure, son proprio quelle che gli vengono dall'amato (Huart, 17):

La mia pena e il mio farmaco mi vengon dall'amico,
Ma avvenuta l'unione, son privo dell'amico!
S'ei dal corpo la pelle qual carnefice strappa,
Non mi dorrò, nè il lembo lascerò dell'amico!

La solitudine poi, in cui si trova, privato dell'oggetto del suo amore, ma pieno della speranza di riaverlo e di riabbracciarlo, trova accenti di tranquilla ma profonda tristezza:

(18)   *Mia dimora è il deserto sempre di giorno e notte,*
Gli occhi versan amare lagrime giorno e notte,
Febbre non mi travaglia, nè il cor si trova in pena,
Sol so che mi lamento sempre di giorno e notte!

La coscienza che con le sue sole forze non può arrivare ad unirsi con Dio, vien espressa da Lui con un bel paragone (Huart, 23):

Son falco, ma la penna timoniera non ho,
La selvaggina affiso lungi e in lamenti do,
Gemo un lamento e l'ali non più possenti sono!
Con la penna dal falco la forza s'involò!

Peraltro il lirico trova conforto nel pensiero che Dio è sempre presente dappertutto e che insegue l'uomo colla sua bellezza (Huart, II, 14):

Se miro dentro al mare, io ti scorgo nel mare,
M'insegui, se il deserto mi piace affissare;
Se al monte, al prato, a valle lo sguardo mio rivolgo,
Sempre la tua bellezza in varie forme appare.

E quando il poeta non riesce a veder Dio direttamente, oltre che a cercarlo nella natura, lo cerca in quegli uomini che sono uniti nell'amore con Dio:

(1)
*Felici son coloro che Ti rimiran sempre,
Con Te sempre conversan, con Te restano sempre,
Non riesco a avvicinarti, sol da lungi Ti vedo,
E allor quelli riguardo che ti rimiran sempre!*

In una gazzella (ode), in cui le più svariate immagini si avvicendano e si susseguono rapidamente, Bâbâ Tâhir sfoga l'anelito e la brama dell'anima verso l'unione (1):

*Davanti al tuo aspetto pari al sole
Son un povero giglio inaridito;
Nè l'albero di Tuba, nè il regno del Paradiso,
Nè tutte le Huri posson essermi bastevoli,
Quando lungi da me tu sei...
E sebbene onda io sia
E in me tutto ondeggi, io brucio brucio,
E ardo nel fuoco della separazione,
Tal la salamandra e tale l'uccello
che perdette testa e ali nel foco.*

*La palma amata mi portò qual ombra
Il dolore, e qual frutto solo pene,
Si grande è adesso il mio cordoglio e il lagno,
Che dalla madre strappato mi diresti!*

*Simile io son alla candela; potrai mozzarle
Pur cento volte il capo, più che mai
Rinasce il suo splendore e la cocente fiamma!*

Le quartine precedenti ci forniscono elementi bastevoli per un'analisi della concezione spirituale; ed oltre un'ardente brama di unione con Dio, contengono accenni chiari al metodo per disporre l'anima ad essa.

Entrambi gli autori sono musulmani, ma nei loro detti si manifesta, talora con frasi dure e pungenti, quanto poca soddisfazione trovassero nella pietà legale e come quindi seguissero altre vie. Quello che vale per essi, vale in misura varia anche per altri sufi.

---

(1) Purtroppo non ho il testo, che si trova in un manoscritto della Biblioteca Nazionale di Berlino: traduco quindi dalla versione tedesca, pubblicata dal LESZCZYNSKI, *Der Neue Orient*, l. c.

4. Ascetica e mistica.

Già durante la vita di Maometto apparve una classe di asceti, che si votò al distacco, a principio almeno senza alcuna pretensione mistica. Ma questa apparve di poi chiaramente, non essendo il distacco se non una preparazione per l'unione con Dio.

Se alcuni di questi asceti si allontanarono dal mondo e vissero solitari, la maggior parte continuò da prima a partecipare alla vita pubblica; non di rado accompagnò anzi i guerrieri nelle spedizioni religiose per rincorarli, nè rifuggì dal rinfacciare ai capi, ove occorresse, trasgressioni o tepidezze nell'osservanza della legge religiosa.

Per il 770 si ha notizia di sufi riuniti in monasteri e legatisi col voto di castità e di clausura. Il regolamento comune si prestava ad attenuare le divergenze dei metodi seguiti dai precedenti asceti e ad infrenare i troppo caldi entusiasmi, creando le disposizioni favorevoli al sorgere di una tradizione.

A dirigere tale movimento spirituale sorse un'istituzione, prima sconosciuta nell'islam, quella cioè di un maestro di spiritualità, il quale, sperimentato nelle pratiche religiose, conduceva e guidava i candidati, disgustati del mondo.

Tutto questo diede origine ad un codice di osservanze ascetiche, il quale lentamente allargò il suo campo e passò a compilare norme per coloro che, dopo un lungo tirocinio, si sentivano spinti ad una perfezione più alta. La distinzione tra ascetica e mistica è già chiara al principio del 900.

Quindi tra gli uomini, dediti alla perfezione, si distinsero gli aspiranti, i progredienti e i perfetti.

Per raggiungere il termine era d'uopo percorrere un lungo cammino, che venne distinto in successivi stadii, varii quanto al numero nei diversi autori per quanto il sentiero sia per lo più identico. Uno dei più antichi trattati di sufismo ne distingue sette: pentimento delle colpe, delicatezza di coscienza, rinunzia ai beni anche leciti, povertà, rassegnazione, abbandono in Dio, stato di soddisfazione per quanto di bene e di male possa accadere al sufi (1). Con un tirocinio duro e laborioso il candidato doveva percorrerli successivamente, aiutandosi di tutti i mezzi e combattendo la sua natura. Si distinsero inoltre i vari stati psicologici, in cui può trovarsi l'asceta: i quali vanno dalla meditazione fino alla contemplazione ed alla « certezza ». Se a percorrere le varie fasi del cammino le forze umane bastano, almeno in parte, non così per gli stati psicologici: essi sono doni di Dio, che li concede come e quando a lui piace. Premesse queste brevi notizie, esaminiamo la dottrina di Abû Saîd.

*
* *

La necessità della povertà, condizione necessaria per sollevarsi a Dio, è con insistenza inculcata da Abû Saîd; nè essa viene concepita solo come rinunzia ai beni esteriori, ma soprattutto quale recisione di ogni desiderio: « l'uomo povero, come si legge in Hujwîrî, non è colui la cui mano è vuota di provigioni, ma colui la cui natura è vuota di desideri » (2).

E bisogna rinunziare non solo ai desideri dei beni temporali, ma anche a quelli dei beni celesti; chè l'anima deve mirare solo a Dio: non darsi pensiero dei due mondi, cioè della vita presente e della futura, e non sentire il bisogno se non del Signore. Quello che Abû Saîd ci dice nella quartina (18) ricorre in molti altri sufi. In Ibrâhîm

---

(1) Cf. M. ASIN PALACIOS, l. c., p. 10-11; NICHOLSON, *I mistici dell'Islam*, Torino 1925, p. 27-28.

(2) Vers. di NICHOLSON, p. 25.

ibn Adham leggiamo: "Se tu desideri essere amico di Dio e che Dio ti ami, rinunzia a questo mondo ed all'altro; non desiderarli più, vuota il cuore dai due mondi, volgi la faccia verso Dio, e Dio volgerà la faccia verso di te e ti colmerà della sua grazia. Perchè ho appreso che Dio rivelò a Giovanni, figlio di Zaccaria: « o Giovanni, ho stabilito che nessuno dei miei servitori m'ami senza che io divenga l'udito che gli serve per ascoltare, la vista che gli serve per vedere, la lingua che gli serve per parlare, il cuore che gli serve per capire. E quando ciò è avvenuto, gli farò aver disgusto di occuparsi d'altri che di me; prolungherò la sua meditazione; gli sarò presente di notte e intimo durante il giorno. O Giovanni, io sarò l'ospite del suo cuore, il termine dei suoi desideri e della sua speranza, il giorno e l'ora saranno per lui un dono mio: egli si avvicina a me ed io mi avvicino per ascoltare la sua voce, per amore della sua bassezza... E quando egli verrà a me, solleverò il velo tra me e lui ed egli mi contemplerà a piacimento »" (1). Il distacco ha quindi come correlativo l'adesione a Dio e l'unione con Lui nella contemplazione, come dice espressamente un altro sufi: « unione con Dio è separazione da ogni altra cosa e separazione da ogni cosa è unione con Dio » (2).

La povertà, infatti, accompagnata dalla mortificazione di tutti i desideri umani ed egoistici, dispone l'anima alla purità del cuore: la quale è condizione indispensabile per vedere Dio. L'uomo distaccato ha l'anima disposta a ricevere questo dono. Abû Saîd, movendo da un paragone tolto dal gioco del polo invoca da Dio questo dono:

« *O Tu, nella cui curva mazza il mio cuore è posto come una palla — nè mai si allontana dal tuo comando, neanche d'un capello; — l'esterno, che è in mio potere, lo purificai — l'interno, che sta in tuo potere, lavalo tu* ».

E parlando in altro punto di questa purità interna, o sincerità, così la descrive:

« *Il profeta ha detto che la sincerità è una divina entità nel cuore e nell'animo dell'uomo: questa entità forma l'obbietto*

(1) L. Massignon, *Essai*, p. 227.
(2) Cf. Hujwîrî (Nicholson), p. 131.

della sua pura contemplazione... E' un dono della grazia divina, prodotto dalla bontà e clemenza di Dio, non acquisito per sforzo umano. Prima eccita angustia e nostalgia e dolore nel cuore umano; poi vede tale angustia e tale dolore e nella sua clemenza e grazia depone nel cuore una sostanza spirituale, che resta ascosa alla conoscenza degli angeli e dei profeti. Questa sostanza è chiamata l'essere intimo di Dio e questa è la sincerità ». (1).

L'asceta quindi troverà Dio nell'anima sua stessa, a condizione che l'abbia prima liberata da tutte le scorie mondane e resa tersa, limpida e capace di rispecchiare Dio stesso. L'uomo, dalla natura composta, è al limitare dei due mondi, il materiale e lo spirituale, e Jalâlu-din-Rûmî canta:

« *L'angelo e il bruto compongono lo stupendo fermento dell'uomo; — inclinando ai bruti meno di loro si sviluppa, — ma più degli angeli se a questi si volge* ».—

Naturalmente la manifestazione di Dio all'anima è diversa nella sua durata: secondo i sufi talvolta dura qualche istante, talvolta a lungo. Quindi l'esperienza, una volta gustata, fa gemere l'asceta, quando ne rimane privo, e lo tiene in uno stato sitibondo. Come diceva Bisṭâmî: « ho bevuto l'amore una coppa dopo l'altra, il vino non venne a mancare, ma io non mi son dissetato » (2). Ma il dolore per la brama di Dio l'asceta non lo cambierebbe per tutti i beni del mondo; Abû Saîd così canta:

(69)   *Il mio cuore è tua dimora, altrimenti nel* **sangue** *lo annegherei. — Tu mi stai negli occhi, altrimenti nel pianto li spegnerei — la speme del tuo amplesso mi domina l'anima, altrimenti — dal corpo con cento mezzi la svellerei.*

(81)   *O cuore, dacchè il distacco del diletto la vena t'aprì — non mostrar ad alcuno le vesti macchiate di sangue; — lamentati si che non si senta il tuo grido, — brucia si che non s'elevi il tuo fumo!*

---

(1) R. A. NICHOLSON, *Studies in Islamic Mysticism*, p. 50-51.
(2) L. MASSIGNON, l. c., p. 241.

*
* *

Per ottenere l'unione con Dio non giova, secondo i sufi, una conoscenza speculativa raziocinante. Distinguendo infatti la contemplazione che muove dalla fede e dalle credenze religiose e quella prodotta da una visione intuitiva amorosa (concentrazione e immersione, come si esprimono, della parte più intima dell'anima nel mare dell'essenza di Dio e dei suoi attributi) il sufi aspira all'intuizione. Nel consueto linguaggio poetico Abû Saîd così esprime questa preferenza:

(13) *Signor non biasimarmi quando all'ebbrezza io tendo,*
Del vino in cerca corro ed all'amore intendo;
Finchè sobrio mi sono fra sconosciuti io siedo,
Se fuor di me mi trovo sul seno amico pendo.

Posto ciò, si capisce quel che spesso leggesi in questi lirici o asceti musulmani, che cioè il linguaggio, adatto ad esprimere in concetti solo la conoscenza speculativa raziocinante, risulta inetto a dare anche una pallida idea di quello che si è intuito con facoltà superiori alla ragione. Così si dice presso Hujwîrî (1) parlando della seconda: " il silenzio si solleva più alto che la parola; perchè il silenzio è segno della contemplazione, laddove la parola è segno di testimonianza oculare. Quindi l'apostolo, quando ottenne la vicinanza di Dio, disse: « io non posso dire la tua lode », perchè egli era in contemplazione e contemplazione nel grado dell'amore è perfetta unione e ogni espressione esterna nell'unità è alterità. Allora egli disse: « tu hai lodato te stesso », cioè « le tue parole son mie, e la tua lode è mia e io non ritengo la mia lingua capace di esprimere ciò che sento » ".

Identico pensiero in veste poetica esprime Saadi nel Gulistân, (Introduzione): « un saggio si era sprofondato nella contemplazione e si era immerso nel mare della in-

---

(1) Nicholson, l. c., p. 333.

tuizione. Quando ritornò da questa estasi, uno dei compagni gli disse per celia: "dal giardino, in cui sei stato, qual dono di tua generosità ci hai portato?". Rispose: "Avevo intenzione, quando fossi giunto al roseto, di riempire un lembo della mia veste di rose per farne dono agli amici. Ma quando vi pervenni il profumo della rosa m'inebbriò talmente che l'orlo della veste mi cadde di mano" ». E poi continua in versi: « O usignuolo, apprendi l'amore dalla farfalla — Che brucia, scompare e non dà grido — Quelli che presumono conoscerti, non ti conoscono — Colui invero che pervenne a conoscenza, non potè mai parlarne ».

*
* *

Da alcune quartine di Abû Saîd abbiamo rilevato che l'uomo ha una tendenza naturale verso Dio, perchè fin dall'eternità fu unito con lui, non solo ma anche fu amato da lui, come si dice nella seguente quartina:

(82) *Prima che lanciassero l'arco delle sublimi sfere — e stendessero la corte del cielo — io dormivo beatamente nella dimora del nulla eterno — e su di me, non esistente, eran scolpite le lettere dell'amor tuo!*

Si è veduta inoltre la spiegazione, che il lirico dà della formula musulmana « non c'è Dio se non Dio ». Per il musulmano ordinario la formula monoteistica significa che Dio è unico nella sua essenza e nella sua natura e interamente dissimile da tutti gli altri esseri; per il sufi invece significa che Dio è anche l'unica esistenza e che fuori di Dio nulla esiste. Ciò che appare esistente non è che illusione; in altre parole di ogni essere o fenomeno del mondo, sia materiale sia spirituale, è lui l'unico attore; l'effimero non è che un raggio, che da lui si diparte, senza diminuirne l'unità, o un riflesso della sua beltà che si ripercote nel mondo come in uno specchio. Appartiene però alla natura della bellezza divina di comunicarsi:

« La creazione, dice Jâmî, si cullava nel sonno della non esistenza, come un bambino prima di trarre il respiro. — L'occhio dell'amato, vedendo ciò che non era, riguardava la non esistenza come esistente. — Sebbene egli contemplasse i suoi attributi e le sue qualità, come un tutto perfetto nella sua essenza, — pure desiderò che gli fossero dispiegati in un altro specchio, — e che quindi ciascuno dei suoi eterni attributi avesse a rendersi manifesto in una forma diversa. — Perciò creò i campi verdeggianti del tempo e dello spazio ed il giardino del mondo, datore di vita, — affinchè ogni ramo ed ogni foglia ed ogni frutto potesse mostrare le sue varie perfezioni. — Il cipresso diede un'idea della sua aggraziata figura; la rosa portò una nota del suo bel viso; — ovunque spuntò la beltà, l'amore le apparve vicino; ovunque la bellezza spuntò su una rosea guancia, l'amore accese la sua torcia a quella fiamma » (1).

Come dice il Maréchal (2) « ogni mistico aspira a una "unione immediata", dove deve cancellarsi — non diciamo la personalità del contemplativo — ma l'*opposizione* tra questa personalità e l'essenza divina. L'opposizione può peraltro esser mitigata, sia per il finale annientamento dell'io, rifluente nell'Assoluto (mistica naturalista panteista) — sia per trasformazione sovreminente dell'io in Dio (mistica sovrannaturalista) ».

Quando i sufi movevano ancora i primi timidi passi, la loro recisa adesione all'islam legale li teneva lontani dal pregiudicare in qualsiasi modo la trascendenza divina con frasi o dottrine che in pratica la rinnegassero. Non è raro tuttavia che tra questi asceti si ritrovino delle espressioni, che parrebbero insinuare dottrine panteistiche, anche presso autori di cui è fuori dubbio l'ortodossia. « Non si deve dimenticare, come fa notare il Nallino, che nella teologia speculativa dell'islam manca quella che è una caratteristica della scolastica cristiana (intesa nel senso datale dal De Wulf), ossia la preoccupazione costante e gra-

---

(1) Cf. R. A. Nicholson, *I mistici dell'Islam*, Torino 1925, p. 77-78.
(2) *Le problème de la grace mystique en Islam*, Recherches de science religieuse, 13 (1923) 267.

vissima di opporsi ad ogni idea la quale possa in qualche modo collegarsi a concetti di sapore più o meno tendente al panteismo » (1). Il dotto islamista nota inoltre che nelle scuole islamiche si discusse dei vari modi di unione mistica per istabilire quale dovesse considerarsi d'accordo con l'islam legale, quale invece in opposizione (2).

Con l'andare del tempo però i principii sopra esposti, incautamente svolti e propagati, diffusero la tendenza panteistica; sicchè molti di quelli che aspiravano o dissertavano sull'unione con Dio, la concepirono in senso panteistico. Nonostante gli sforzi dei teologi musulmani, che si studiano di contenere quel moto di spiritualità nei confini dell'ortodossia, la tendenza panteistica prevalse anche nell'islam. E così dominati dall'idea che non si dà se non un solo esistente, Dio, e che Dio in persona si identifica con tutto quanto sembra esistere individualmente, e come tutto da lui defluì in un modo o nell'altro, così tutto un giorno rifluirà in lui, dopo un periodo di esistenza illusoria, non pochi aspiravano a spezzare i ceppi di questa illusione al fine di riuscire nell'unica essenza e in essa disperdersi e assimilarsi.

Le aspirazioni di tante anime nobili, avide di solitudine, disgustate dall'effimero, tendenti con tutta l'ansia in Dio, di cui presentivano le attrattive potenti, oltrepassarono la misura e finirono in un panteismo, che veniva a negare la trascendenza di Dio.

*
* *

Un'altra tendenza trapelava ancora tra quegli asceti: essi credendosi direttamente guidati da Dio, pervasi del suo essere, illuminati della sua luce si presumevano liberi dalle norme della legge comune islamica. Vero è che questa tendenza autonoma in anime veramente ideali, inten-

---

(1) C. A. NALLINO, *Rivista di Studi Or.* 8 (1919-20), p. 553.
(2) l. c., 8 (1919-20) p. 60-61. 521. 556, anche *Enciclopedia Italiana*, s. v. *Sufismo*.

samente rivolte verso la purificazione di sè e l'elevazione dell'anima, non aveva gravi inconvenienti; ma questi erano invece ben facili a verificarsi in anime deboli e facili alle illusioni. E fa stupore che in Abû Saîd, il quale pure si leva così alto, si trovi insinuata una dottrina, seguita da altri sufi e troppo somigliante alle note aberrazioni sorte anche in Occidente. Si veda infatti questa quartina: « Ho più peccati che son gocce in una pioggia — caddi a testa bassa, tormentato dalla colpa — venne voce: sii tranquillo, o derviscio, — io opero secondo la mia natura, tu secondo la tua ». La parte materiale dell'uomo segue così i suoi istinti, senza che l'asceta, unito a Dio, debba impensierirsene.

Questi e simili principii dovevano esser per alcuni un incentivo al libertinaggio sfrenato, e se non possiamo dubitare della purezza d'intenzione di molti, dei quali conosciamo la vita, di altri purtroppo sappiamo che il saio del sufi, fu solo un pretesto, per sciogliersi dai legami della legge e ingannare ipocritamente gli altri.

Anche la teoria della fiducia in Dio, spinta all'eccesso, produsse non di rado infingardi e fannulloni, che si diedero alla neghittosità e preferirono vivere dell'elemosine degli altri; molto più che sorse l'idea, predicata e divulgata dai sufi, non essere egli, il sufi, che doveva grazia al donatore, ma il donatore, che doveva ringraziare il sufi, perchè si degnava ricevere l'elemosina. Questa era un seme, gettato in un campo, che avrebbe fruttificato abbondantemente.

Tanto più questi principii potevano divenire pericolosi quanto più si moltiplicavano i seguaci dei sufi e questi cercavano di produrre l'estasi con mezzi meccanici. Gli oratorii, disposti prima per la recita comune delle preghiere e la salmodia di versi del corano, furono invasi da un apparato di pratiche più o meno sospette. I grandi maestri protestarono sempre contro questi mezzi, affermando che l'umiltà e il distacco era la disposizione voluta da Dio per infondere i suoi doni. Ma di fatto molti non si attennero a queste sagge norme. Così (1) si conoscono i

---
(1) Cfr. L. MASSIGNON, l. c., p. 86-8.

mezzi usati per far entrare gli ascoltatori in una specie di sonno ipnotico: bevande eccitanti e inebbrianti, come caffè, oppio e simili narcotici; inoltre vertiginose danze circolari al suono del flauto; talvolta l'uso di strapparsi e lacerarsi le vesti in pubblico, talvolta quello di contemplare i belli aspetti dei novizi e simili espedienti, che anche modernamente si sono ripetuti in certi paesi, con quell'effetto per la moralità e l'igiene pubblica che si può facilmente comprendere. Tutto ciò doveva portare discredito sopra quel moto che era stato pure onorato da personaggi veramente insigni, come Hallâj.

E' questo il rovescio della medaglia, come, a lungo andare, in mezzo a sinceri impeti di religiosità, e tra persone ispirate da un genuino e nobile sentimento, si sogliono infiltrare di quelle che cercano piuttosto la soddisfazione della loro vanità e talvolta delle loro passioni.

Ma non ci deve far dimenticare quanta nobile aspirazione, quanta elevazione di pensieri e di sentimenti produsse questo movimento, nè quanto contribuì alla cultura delle anime, eccitandone il desiderio e il bisogno di Dio, ed infondendo nei riti esterni il calore dell'interno in un tempo in cui la vita religiosa minacciava scomparire per dar luogo a pratiche meramente esterne, vuote di qualsiasi alito interiore. Nè bisogna dimenticare che esso mansuefece il fanatismo musulmano, rese l'islam accessibile a molte dottrine che gli erano da principio estranee, ed insegnò ai seguaci di Maometto a rispettare gli aneliti sinceri del cristianesimo verso Dio.

5. Contrasto col legalismo musulmano.

L'attento lettore avrà notato, insieme con elevazioni spirituali di profonda bellezza, anche deviazioni dottrinali e talora anche pratiche. E basti per tutte la tendenza panteistica; la quale, negando la trascendenza di Dio, veniva in contrasto pure col corano, che quella trascendenza vuole incrollabilmente professata.

E' evidente quindi che una lotta doveva sorgere nel seno dell'islamismo tra gli strenui difensori delle norme coraniche e tradizionali e i seguaci del moto ascetico-mistico. Il dissidio correva su questi tratti generali: da un lato era una lotta tra la lettera e lo spirito, tra le pratiche esterne, divenute quasi meccaniche, e lo spirito interno vivificatore; dall'altro un profondo contrasto su norme fondamentali religiose e giuridiche.

Va notato anzitutto che Abû Saîd appartiene, passi l'espressione, all'ala estrema del sufismo. Non tutti gli asceti quindi vanno giudicati alla stregua di Abû Saîd; nè tutti mostrarono uguale disprezzo per la tradizione islamica, le sue scuole e le sue moschee; e non si deve pensare che ci sia una dottrina, comune a tutti i sufi e da tutti egualmente riconosciuta; giacchè ciascuno segue una via sua propria. La tendenza generale è in tutti simile; ma le vie per soddisfarla sono, secondo le loro affermazioni, così numerose e diverse quanto le anime degli uomini.

Ci troviamo perciò di fronte ad un movimento analogo a quello dell'età che seguì alla spedizione di Alessandro il macedone in Oriente: l'età che viene intesa come ellenismo. Allora i Greci, e poi i Romani, non appagati dalla loro religione, dalle sue norme etiche e dai suoi riti, cercarono rifugio nei culti orientali, che promettevano qualche cosa di più interiore e profondo, e ricorsero alle più diverse dottrine, professando il relativismo nell'ordine religioso. L'eclettismo religioso teorico e pratico del tempo ellenistico è quindi proprio anche dei sufi, come è comune ad entrambi la persuasione del valore relativo di ogni sistema religioso, sia nella dottrina sia nelle pratiche rituali.

*
* *

Quel moto spirituale, che coll'andare del tempo sboccò nel panteismo, cominciò invero con un'aspirazione profonda e nobile, quella di una più intima vita interiore: più che alla pratica meccanica di certi riti esteriori, gli asceti volsero gli sguardi a quello che deve informare il culto, la purità dell'anima e talvolta ebbero un certo disdegno per i molti che si aggrappavano ad un vuoto formalismo. Il sufi volle la cultura dell'anima, la quale richiede solitudine, distacco, concentrazione.

Ma un animo, staccato da tutto e concentratosi nei beni spirituali, non può non sentire il bisogno stringente di avere con Dio attinenze di amore. Così le anime avide di spiritualità anelarono con tutte le fibre a questo amore, e vollero che esso dominasse pienamente il cuore e vi sopprimesse ogni mira egoistica, anche religiosa: si doveva amare Dio a causa della sua infinita bellezza, non per una qualsiasi ricompensa, fosse anche quella eterna.

Sia per il distacco dai beni terreni, sia per l'adesione a Dio, amato per se stesso, i primi asceti musulmani avevano un modello nei monaci cristiani, con cui spesso si trovarono a contatto, non altrimenti che Maometto; il quale li volle rispettati, ma non proposti per esempi da imitare. Che il primo impulso verso una vita interiore intensa sia venuto proprio dai cristiani, è un'affermazione sostenuta con validi argomenti da molti illustri islamisti, tra gli altri dal von Kremer (1). Convalida tale opinione,

---

(1) ALFRED VON KREMER, *Geschichte der herrschenden Ideen des Islam*, Leipzig 1868, p. 67: « Il sufismo prese in sè due differenti elementi: uno

oltre diversi indizi, anche questo, che le prime manifeste tracce della tendenza ascetica appaiono in Mesopotamia e specialmente a Baghdad, dove numerosi cristiani erano diffusi ed operosi.

Nei limiti sopra riferiti il moto ascetico era tale da poter portare nuova vita all'islam, essendosi intiepidito in molti capi e gregari l'ardore della primitiva dedizione. Molto più che i sufi a principio si astennero dall'entrare in lotta contro il legalismo musulmano e vollero rispettate le norme, che si svolsero col tempo in seno all'islam. Ma un certo contrasto era inerente nell'atteggiamento stesso degli uni rispetto agli altri. Il legalismo musulmano insisteva soprattutto nel terrore delle colpe, nella rassegnazione ai decreti divini, nell'ubbidienza e nell'adorazione e proponeva per mezzo più efficace di catarsi un'assidua e prolungata recita di passi coranici e reiterate abluzioni; il sufismo invece insisteva sopra il distacco da tutto e la unione con Dio; le scuole teologiche e giuridiche esageravano nel materialismo della lettera; gli asceti propendevano a esagerare nello spiritualismo.

*
* *

I gradi dello svolgimento di questo contrasto ci appaiono in un bellissimo saggio, da noi più volte citato, del Massignon, dotto islamista di indiscussa autorità, sul

---

antico, cristiano-ascetico, che apparve in prima linea anche al principio dell'Islam, e poi più tardi un elemento contemplativo buddhista, il quale presto, per effetto del crescente influsso dei Persiani sull'Islam, ebbe il sopravvento e produsse la mistica propria dell'Islam ». Sulla seconda affermazione vedi ciò che si dirà in seguito. M. HORTEN, *Mystische Texte aus dem Islam*, Kleine Texte, 105, Bonn 1912, p. 2 s. distingue nella mistica araba una tendenza cristiana, rappresentata da Hasan (+728) e Dimashkī (+730), l'elemento cristiano appare in primo piano in ibn Hait e Hadatī, circa l'anno 870, mentre esso si mischia con dottrine platoniche in Muhâsibî e altri; poi gli succede una tendenza greco-persiana, e infine viene una tendenza indiana, che guadagna sempre più il campo.

soggetto, di cui trattiamo (1). Qualche breve accenno gioverà all'intelligenza del movimento e delle sue deviazioni.

Le celebri scuole ascetico-mistiche, che sorsero successivamente a Basra, a Baghdad e nel Chorâsân, misero ogni cura sotto la guida di illustri maestri non solo per non far scoppiare o acuire il dissidio, ma anche per appianare le divergenze e salvare l'osservanza legale esterna e allo stesso tempo appagare l'ansia di una maggiore interiorità spirituale.

Così Hasan Basrî, uno dei più rinomati maestri della scuola di Basra, pur tenendo fermo alle pratiche religiose legali della comunità islamica, fece volgere gli sforzi dei suoi discepoli a quella, ch'egli con felice espressione chiama « la reciprocità di amore desiderabile tra Dio e l'anima » (2); stato, diceva egli, da prepararsi con la meditazione e la contemplazione religiosa. « La fede, egli dice, non è un ornamento che si metta o una moda che si segua, ma è quella che il cuore umano venera e le opere confermano come vera » (3).

Per conseguire l'interiorità religiosa è necessario un esame assiduo di coscienza e la riflessione intellettuale: « specchio che ti mostra ciò che hai di bene e ciò che hai di male ». — « Volesse Dio, egli esclama, che nei vostri cuori trovassi la vita! Gli uomini sono passati come una mantide; percepisco un mormorio, ma non vedo nulla d'amante; mi si portano lingue in gran numero; ma quel che io cerco sono i cuori; le vostre intelligenze si disperdono a inseguire farfalle d'inferno e mosche di concupiscenze ». « Intrattenetevi coi vostri cuori, perchè son pronti ad irruginirsi; umiliate le vostre anime carnali, perchè tendono a ribellarsi » (4).

Oltre a queste esortazioni, Hasan Basrî fa intravedere il dono di Dio, e ne descrive le graduazioni: « Poichè la sollecitudine dominante nel mio diletto servo è quella di ricordarsi di me, io gli faccio trovare felicità e gioia

---

(1) *Essai.*
(2) Ib., p. 177.
(3) Ib., p. 167.
(4) Ib., p. 170.

nel ricordarsi di me. E quando gli ho fatto trovare felicità e gioia nel ricordarsi di me, egli desidera me e io desidero lui. E quando egli mi desidera ed io lo desidero, tolgo i veli tra me e lui, e divento tutto un centro di visione e aspirazioni davanti ai suoi occhi. Tali uomini non mi dimenticano, quando altri mi dimenticano » (1).

In qualche altro asceta posteriore il contrasto fra vita interiore e osservanza legale si fa acuto; è Muhâsibî della scuola di Baghdad. Questo maestro di grande acutezza filosofica e di profonda interiorità soffre di una penosa crisi di coscienza sia a causa del contrasto dei pareri in riguardo alle osservanze esterne nella comunità musulmana, sia della mancanza di guide spirituali. Manifesta questa crisi con intimo scotimento, ma lungi dal pensare ad abrogare quello che gli viene dalla tradizione della comunità islamica, si afferra pure alle tradizioni più ingenue e vede nell'osservanza delle pratiche esterne un effetto dell'amore di Dio: « L'origine dell'amore dei fedeli per gli atti religiosi proviene dall'amore del Signore; poichè è Lui che li ha fatti cominciare. Infatti è Lui che si fece conoscere ad essi, che li portò ad ubbidirgli, che si fece amare da essi, senza che essi vi avessero in nulla concorso. Egli depose i germi dell'amore per Lui nei cuori degli amanti; poi li rivestì di splendida luce, prestando ai loro cuori le frasi convenienti alla violenza del loro amore per Lui » (2).

Ma il contrasto apparve in tutta la sua tragica crudezza in Hallâj, quando si scontrarono le norme giuridiche teologiche musulmane con la concezione della vita spirituale di questo maestro ancor oggi da molti venerato.

*
* *

Era originario della Persia, dove aveva avuto i natali circa l'anno 858; ma trasferitosi nella Mesopotamia, ivi passò gran parte della sua vita. La sua dottrina spi-

(1) Ib., p. 174.
(2) Ib., p. 218.

rituale gli valse la condanna a morte da parte dell'autorità islamica, ed egli fu giustiziato a Baghdad tra crudeli sofferenze, nel marzo del 922. Esponiamo brevemente i capisaldi della sua dottrina; i quali ci mostreranno quanto influsso abbia avuto su di lui la persona di Gesù Cristo, in cui egli vide il più perfetto modello dell'unione con Dio (1).

In contrasto con le accuse dei suoi avversari, sta il fatto che Hallâj non pensò mai a liberarsi dalle osservanze legali imposte alla comunità, nè intese infrangerne il vincolo obbligatorio. Meno ancora pensò di rifare o riformare il corano, che egli riteneva come rivelazione di Dio; volle solo armonizzare le esperienze della sua vita interiore con la tradizione legale, sviluppatasi nell'islam, modificandone l'esclusivismo esteriore. Così considerò i riti esterni del culto islamico come preparatori e transeunti, segni esterni, « istrumenti che ci fornisce Dio per arrivare alle realtà », ma che queste realtà non danno. Questi riti quindi sono destinati ad essere interrotti al momento della consumazione della unione mistica e in Paradiso. « La Verità, egli dice, ha stabilito due specie di doveri religiosi: quelli che concernono le cose *intermediarie* (riti), quelli che concernono le *realtà*... Ora i doveri verso le realtà implicano conoscenze che derivano da Dio e che ritornano a Lui; laddove i doveri verso le cose intermediarie implicano conoscenze, che derivanti da ciò che non è Lui, non permettono di raggiungerlo se non sollevandosi al disopra di esse fino ad annientarle » (2).

---

(1) L. MASSIGNON con un lavoro assiduo e indefesso ha raccolto tutti i testi che riguardano la persona e la dottrina di Hallâj, in diverse pubblicazioni, sommamente apprezzate dagli islamisti: *Kitâb al Tawâsîn*, Paris 1913; *La passion d'al Hosayn-ibn Mansoûr al Hallâj, martyr mystique en Islam*, 2 vol., Paris 1922; *Diwan poëtique d'al Hallâj*; e insieme con P. KRAUS, *Akhbâr al Hallâj*, Paris 1936.

Il giudizio da farsi, sotto il riguardo cattolico, sui fenomeni mistici dell'Islam e specialmente sul caso Hallâj viene chiaramente esposto dal P. MARÉCHAL, in un suo articolo: *Le problème de la grace mystique en Islam*: *Recherches de science religieuse*, 13 (1923), p. 244-292.

(2) *La passion...* p. 277.

Non si trattava quindi di una giustaposizione di una vita più interiore accanto alla pratica esterna, inculcata da teologi e da giuristi, ma di una subordinazione della pratica legale alla vita interiore, e non per tutti, ma per quelli che Dio aveva scelti. Alla prima egli riconosceva un valore pedagogico, quindi transitorio; non dando essa nè elevazione interiore, nè grazia; questa invece veniva conseguita per via dell'amore e dell'unione con Dio. Raggiunto ciò, all'autorità legale e tradizionale umana della comunità musulmana era sostituita l'autorità immediata di Dio presente nell'animo del mistico, la quale sottraeva il contemplante al potere della legge officiale.

Per un'anima salita così alto il corano non ha più da legiferare, e la persona stessa di Maometto scompare per Hallâj e dà posto ad un esemplare perfetto di vita interiore, alla persona stessa di Gesù Cristo.

Già prima di Hallâj, altri asceti musulmani avevano sostenuto la sovreminenza di Gesù su Maometto, come Tirmidî (+898); e alcuni sufi aspettavano il secondo avvento di Gesù, quale trionfo del vero islam. In un testo anzi di Hallâj tale seconda venuta doveva ristaurare sulla terra « la preghiera suprema, l'elemosina suprema, il digiuno supremo e il pellegrinaggio supremo ». Interrogato su Maometto, Hallâj rispose: « Se Maometto non fosse stato inviato, la prova non sarebbe stata compiuta... *Ma ora non v'è più tra me e Dio alcun intermediario,* — non c'è guida o segni che mi provino Dio. Ecco venire l'irraggiamento dei fuochi divini, che fiammeggianti e scintillanti mi apportano la prova splendente, regale » (1).

L'esemplare quindi ch'egli sceglie per l'unione con Dio, a cui aspirava, è la persona di Gesù Cristo, e il modo di unione è quello della natura divina con la natura umana.

Dio, secondo Hallâj, è l'essere infinito, sommo, trascendente; ma tutto questo non lo rende inaccessibile all'uomo, e ciò per volere di Dio stesso. Creando l'uomo, Dio vi ha scolpito la sua immagine e vuole che l'uomo per via dell'ascesi, purificandosi dalle scorie umane, sia capace

---

(1) *Kitâb al Tawâsîn*, Paris 1913, p. 161 e n. 2.

di attingere nell'anima sua Iddio. Inoltre, fin dall'eternità Dio si beava nella contemplazione dello splendore della sua essenza e questa ineffabile contemplazione era l'amore, « l'essenza dell'essenza divina », come egli si esprime, « l'amore nella solitudine ». Quest'amore increato volle farsi amore creatore; volle irradiare fuor di sè questo gaudio supremo per contemplarlo e con lui conversare. Dal nulla quindi creò il mondo, e specialmente l'uomo, Adamo, e lo mostrò agli Angeli, e poi come immagine adeguata della sua bellezza infinita egli stesso si mostrò in forma umana in mezzo agli uomini: « Lode a Dio, egli canta, che fece vedere (agli angeli) come la sua umanità era il mistero della gloria della sua splendente divinità! E che poi si mostrò alla sua creazione sotto la forma di uno che mangia e beve. Così che la sua creazione ha potuto guardarlo, come sotto la palpebra filtra un'occhiata » (1).

Per ispiegare l'unione della natura divina con la natura umana in Gesù Cristo, egli parla di una infusione della prima nel composto umano, corpo e spirito; di una inabitazione della natura divina nella persona umana. Dal che si rileva ch'egli, venuto in contatto con cristiani nestoriani, concepiva l'unione ipostatica, non come « unione sostanziale » (*énôsis*, ar. *ittihad*) ma come « inabitazione », della natura divina (*katoíkesis*, ar. *hulûl*). Prendendo perciò le mosse da questa concezione, egli pensava che per un dono speciale che Dio comunica alle anime, preparate con lungo tirocinio, Dio viene ad abitare nell'anima del mistico come un secondo spirito infuso nell'anima dell'uomo. « Io son (divenuto) colui che amo e colui che amo è divenuto me! Siamo *due* spiriti infusi in *un sol* corpo! Vedermi è veder lui! Vederlo è vederci! ». E ancora: « Tu sei tra la parete del cuore e il cuore, — Tu vi t'insinui scorrendo come le lagrime sotto le palpebre! E tu infondi la coscienza al fondo del mio cuore, — come gli spiriti s'infondono nel corpo. Niente d'immobile si muove senza che tu non lo muova per un impulso secreto » (2).

---

(1) *Kitâb al Tawâsîn*, p. 130.
(2) Ib., p. 133.

Per questa dottrina venne in contrasto col legalismo musulmano, e arrestato dopo vari anni di prigione e un processo prolungatosi per diversi mesi fu condannato come eretico e suppliziato a Baghdad. Sulla legittimità della sua condanna presso i musulmani si disputò nei secoli seguenti; perchè mentre alcuni lo stimarono un santo, altri invece lo ritennero un eretico.

In fondo, un accordo non era possibile; nonostante gli sforzi di Hallâj e di altre anime nobili per salvare corano e tradizione da una parte e tendenze mistiche dall'altra, la concezione spirituale restava in contrasto, se non direttamente col corano, almeno con la sua interpretazione da parte dell'islam storico, cioè con la tradizione fondata sul consenso della comunità, che dal corano era considerata come l'autorità legale della comunità musulmana.

Questo contrasto angosciò non solo Hallâj, ma anche molte anime, che sentirono l'ansia di una più profonda interiorità. Hallâj vi diede solo una soluzione pratica e soggettiva: tenne fermo alla ricchezza delle sue esperienze interiori e scusò sinceramente quella comunità musulmana, che lo torturava e lo uccideva, offrendo per essa la sua vita. Al momento della sua esecuzione, rivolge questa preghiera a Dio: « Ecco i tuoi fedeli, i tuoi adoratori. Si sono riuniti per uccidermi per zelo verso di Te, per piacere a Te! Perdonali! Se tu avessi rivelato loro quel che a me hai rivelato e se tu m'avessi nascosto quel che tu hai loro nascosto, non soffrirei la prova che soffro » (1).

*
* *

Per una mente, a cui è familiare la dottrina cattolica, un simile contrasto è inconcepibile. E' necessario quindi soffermarci alquanto su alcuni dati fondamentali della dottrina islamica; il che ci gioverà ad intendere lo sbocco finale del moto ascetico-mistico dell'islam nel panteismo.

---

(1) *Passion*, p. 763.

Nell'islam, infatti, non ci sono riti simili a quelli della religione cristiana, cioè riti esterni, veicoli di grazia interiore santificante. I riti di purificazione legale, le abluzioni e le preghiere non hanno per nulla questo carattere. Il bisogno quindi di interna santificazione e di profonda interiorità spirituale, sentito acutamente tra gli asceti, non trovava corrispondenza nel corano. Però Hallâj e altri asceti avevano trovato nel corano una distinzione: quella cioè che, oltre ai fedeli ordinari, ce ne fossero di quelli, i quali per una speciale predilezione di Dio, ricevono interiormente il dono del « mistero essenziale », un dono speciale di interna amicizia con lui; inoltre, essere dovere dell'uomo di prepararsi a questo dono con una rigorosa prassi ascetica. Il corano però non si propone d'insegnare queste vie straordinarie, rimettendo la direzione di tali anime scelte all'assistenza soprannaturale immediata dello Spirito Santo. Ciò posto, riesce evidente che per questa porta entrava in pieno il soggettivismo in religione. Ogni asceta infatti poteva credersi ispirato direttamente da Dio.

La tradizione musulmana considerava con sospetto tale dottrina anche per un'altra ragione: perchè credeva che l'insistere sull'amore di Dio, supponendo l'amore una reciprocità e una proporzione tra Dio e l'uomo, portasse alla negazione della trascendenza divina: « Adorare Dio per amore è il delitto dei Manichei... questi eretici adorano Dio per amore fisico, per l'attrazione magnetica del ferro col ferro e le loro particelle di luce vogliono raggiungere quasi calamita il focolare, da cui son venute » (1).

Un altro punto da tener presente è che nell'islam non esiste un magistero infallibile dottrinale, come nel cattolicismo; il potere dottrinale legale dell'islamismo risiede nel consenso *umano* della comunità; consenso quindi di teologi e di giuristi, che deve servire di norma a tutti i fedeli: in caso di disaccordo non v'è potere inappellabile, che decida in ultima istanza.

In forza del primo principio l'uomo spirituale non trovando norme nel corano, le cerca nella guida interna

---

(1) *Passion*, p. 161-2.

dello spirito, ch'egli presume possedere; le vie quindi dell'alta spiritualità non restano nell'alveo della dottrina di Maometto, ma seguono direttive autonome, secondo le quali il mistico ha il diritto d'interpretare le forme esteriori del culto, stabilite dal consenso umano. Nasce quindi un dualismo tra la direzione sovrannaturale dello spirito e la tradizione naturale umana del consenso della comunità musulmana. Travalicato il corano, il sufi cerca nuove vie, e per ciò spalanca le porte alle dottrine esterne, siano esse in accordo o no col corano; donde l'affermazione che ogni religione era buona, purchè conducesse all'unione con Dio. Hallâj, fortemente ispirato dalla dottrina cristiana, cercò il modello dell'unione con Dio in Gesù Cristo e si sollevò ad una singolare altezza di concezione spirituale. Ma per lui l'unione con Dio, concepita come inabitazione dello spirito divino nell'anima purificata del giusto, non significava identità dello spirito di Dio e di quello dell'uomo, ma unione in cui entrambi gli spiriti erano ben distinti e separati.

*
* *

Correva invece pienamente in contrasto con la dottrina insegnata dal corano la tendenza, in gran parte rappresentata a principio dagli asceti persiani, la quale riteneva che l'uomo, non avendo se non un'esistenza illusoria ed effimera, ed essendo solo un riverbero di un modo dell'Essere assoluto, riponeva l'ideale nell'identificazione dell'uomo con lui, finendo così nel panteismo. Questa tendenza si propagò e prevalse in processo di tempo anche presso gli Arabi.

Siamo poco informati dei presupposti storici dottrinali, che agitavano l'Iran nei secoli immediatamente susseguitisi all'islam; ignoriamo l'effetto dei germi di ascesi, sparsi dal manicheismo nell'immenso territorio, e in gran parte ignota ci è l'operosità che il Mazdakismo ebbe anche dopo l'eccidio, che parve mettere fine a quel movimento. Inoltre poco o nulla sappiamo dell'azione dei filosofi greci, i quali cacciati dalla Grecia ripararono nell'impero iranico, dove ebbero oneste e liete accoglienze; cosicchè non si riesce a vedere se anche prima dell'invasione dell'islam nell'Iran vi si diffusero dottrine neoplatoniche. Oscure infine sono le relazioni tra le correnti dottrinali indiane e iraniche nei secoli antecedenti all'islam. Non è quindi da stupire se le ipotesi sull'origine di questo panteismo nel sufismo persiano siano molte e divergenti: alcuni infatti preferiscono considerarlo come effetto delle idee neoplatoniche; altri invece come frutto di saggezza indiana; laddove sarebbe anche possibile considerarlo come uno svolgimento di idee manichee o mazdakite. Ma può esser altresì che in questa tendenza molti elementi diversi abbiano influito; perchè il sufi è essenzialmente un eclettico nelle sue dottrine. E non si deve neanche dimenticare i possibili influssi delle varie sette gnostiche, pullulanti allora nella Mesopotamia; fatto storico che è lungi dall'esser stato chiarito finora con quella profondità che richiederebbe.

Nè è da stupire se questo movimento, contrastante col corano, abbia avuto origine proprio nella Persia: i contrasti dottrinali tra una religione importata e le antiche idee, aggiuntisi ai contrasti politici tra Irani sudditi e Arabi padroni, non dovevano restare senza influsso anche sul campo religioso, sebbene i Persiani dovessero muoversi con cautela, data la rigida vigilanza poliziesca dei dominatori.

E' certo in ogni modo che il moto ascetico superò in più punti ogni barriera ortodossa con la forza travolgente di un fiume in piena, e minacciò di abbattere non solo escrescenze e abusi, esteriorità e atteggiamenti particolari, ma anche canoni fondamentali della religione islamica.

E insieme con l'ortodossia, essa ledeva interessi materiali non tenui. L'affermazione cioè che per qualsiasi via potevasi arrivare a Dio, colpiva in pieno una dottrina capitale del corano, e batteva in breccia la pretesa superiorità della stirpe araba; onde illanguidita la spinta alla guerra religiosa, ne scapitavano gli interessi materiali legati alla conquista. Sia per il desiderio di restare nella comunità islamica, sia per il pericolo che simili dottrine portassero al patibolo, si cercò una soluzione di questo contrasto, per salvare almeno le apparenze. Conforme ad un metodo, che aveva già avuto illustri seguaci nel mondo ellenistico, i sufi, servendosi della esegesi allegorica, pretendevano trovare le loro dottrine in vari passi coranici; Jalâl ud-Dîn Rûmî, ad esempio, sosteneva che i sensi nascosti del corano erano sette, e ognuno sovrapposto all'altro (1). Ma non fa meraviglia se contro questo metodo, troppo facile a spogliare di ogni senso o contenuto positivo qualsiasi legislazione, le scuole teologiche opponessero la più dura resistenza.

Si ricorse inoltre alla distinzione tra religione comune alla massa del volgo, e religione arcana, propria delle anime nobili, e si disse che le dottrine di queste ultime non dovevano essere palesate al volgo. Tale distinzione e tale prassi, se potè salvare gli asceti dai rigori della legge religiosa, fu di grandissimo svantaggio alla vita della comunità. La tendenza ascetica, se fosse rimasta in contatto con la massa islamica, avrebbe potuto vivificare le pratiche esterne e ridar ad esse nuova vita; invece, staccatasi, cominciò ad esprimer le sue idee in forma velata, oscura, inintelligibile per tenerle nascoste ai comuni fedeli e non ebbe più nessuna efficacia sul popolo.

Il moto spirituale panteista dall'Iran passò agli Arabi; e tra essi chi gli aprì trionfalmente le porte, fu Ibn Arabî, nato a Murcia nel 1165, morto a Damasco nel 1240, celebrato dai dotti musulmani come il più gran maestro, il maestro dei mistici, il rinnovatore della religione. « Dopo tre secoli di lotta, scrive il Massignon, (2), Ibn Arabî con concessioni decisive e irrimediabili consegna la teologia mistica musulmana al monismo sincretista dei Qarmati... Grazie a Ibn Arabî, il vocabolario sincretistico ellenistico domina ormai e la cura teorica di restar con esso d'accordo prevale sull'analisi sperimentale e l'introspezione della pratica del culto. Alla scuola di Ibn Arabî si deve il di-

(1) Cf. von Max Meyerhof, *Persisch-Türkische Mystik*, Hannover 1921, p. 10.
(2) *Essai...* p. 61-2.

vorzio tra la disciplina ascetica (rituale e morale) e la teologia mistica, l'elaborazione di un vocabolario teorico sottile, mirante a gerarchie gnostiche e ideogenie inverificabili. Essa ugualmente ha consumato lo scisma fra le vocazioni mistiche musulmane e il loro irradiamento sociale, sostituendo ai doveri di correzione fraterna la disciplina qarmata dell'arcano, riservando l'appannaggio della mistica, scienza esoterica che non deve esser divulgata, a circoli chiusi di iniziati, a corporazioni intellettuali fossili ».

Valga un esempio del linguaggio, che s'inaugura con Ibn Arabî: « O voi colombe, che v'aggirate attorno all'albero *arak* e *bân*, abbiate pietà di me, non raddoppiate col vostro gemebondo tubare le mie pene nostalgiche. Abbiate pietà! non adescate fuori coi vostri alti lamenti e pianti i nascosti sentimenti di violenta nostalgia e lamento radicati nella profondità della mia natura. Sera e mattino rispondo ad esse con il gemito di un nostalgico bramoso e il lamento di un innamorato... Il mio cuore è ospitale per ogni forma di culto: è quindi un pascolo per gazzelle, un chiostro di monaci cristiani, un tempio per idoli, una caaba per pellegrini musulmani, le tavole della thora e il rotolo del corano. Io aderisco alla religione dell'amore. Qualunque via battano i suoi camelli, questa è la mia religione e la mia fede » (1).

*
* *

Arrivati a questo punto, possiamo chiedere se questi asceti abbiano ancora a dirsi musulmani, dopo aver de-

---

(1) MAX HORTEN, *Mystische Texte aus dem Islam, Drei Gedichte des Arabi, Kleine Texte* 105, Bonn 1912, p. 7: l'autore stesso pensò a far il commento delle sue poesie; donde si rileva che l'albero *arak* significa la terrena sussistenza del mistico e l'albero *bân* la sua individualità; le colombe sono messaggere di Dio e simboleggiano i lumi e la grazia celeste. Esse tubano lamentosamente, perchè staccate da Dio, e con questi lamenti ravvivano la nostalgia di Dio che domina l'anima dell'asceta, il quale in risposta non fa che ripetere il lamento delle colombe. Nell'ultima parte ricorre la solita idea della relatività di ogni religione: le gazzelle rappresentano le dottrine indiane.

formata la dottrina della trascendenza divina in quella dell'immanenza, e fatto di Dio la vita e l'anima dell'universo. Afferma D. B. Macdonald, un esperto studioso del soggetto, che « tutti i fedeli musulmani che pensano sono mistici e tutti sono panteisti, sebbene alcuni lo ignorino ». Eppure, nonostante questo, essi restarono e restano nell'islamismo, contentandosi di una professione formale della dottrina del corano, di cui sono pronti a riconoscere l'autorità, mentre negano ai suoi esegeti legittimi la facoltà di decidere se una dottrina sia o no ad esso conforme (1).

L'impulso alla ricerca dei veri beni spirituali venne ai sufi dal Cristianesimo e fu iattura che tra i cristiani, i quali ebbero efficacia sui musulmani, se ne trovassero di quelli eretici, i quali avevano accolte dottrine e lessico dei filosofi neoplatonici, un germe che avrebbe condotto poi al panteismo. Assimilati questi germi, senza guide sicure, di cui tante anime nobili, come si è visto, risentivano profondamente la mancanza, gli asceti vagarono alla deriva e furono abbagliati da immagini e frasari scintillanti. L'uomo considerato come semplice strumento nelle mani di Dio, come « la penna nella mano dello scriba », a poco a poco divenne una semplice illusione, un fantasma; Dio, unico oggetto degno di amore, divenne l'unico esistente, l'immanente, il tutto.

Quante belle e profonde energie in questi asceti alla ricerca di Dio, in queste anime inquiete, avide di riposo, avrebbero trovato ben altro sbocco, se i sufi si fossero mantenuti nella primitiva ispirazione e avessero cercato guida e direttiva in una religione che, oltre a spingere l'anima all'amore con Dio, ad essa fornisce le direttive sicure e le norme divine.

---

(1) Cf. R. A. NICHOLSON, *I mistici dell'Islam*, Torino 1925, p. 19, 21.

INDICE

I. Albori di lirica religiosa persiana . . . . . Pag. 5

II. Quartine di Abû Saîd . . . . » 13

III. Quartine di Bâbâ Tâhir . . . . » 23

IV. Ascetica e mistica . . . . » 27

V. Contrasto col legalismo musulmano . . . . . » 37

Imprimatur. † ALOYSIUS TRAGLIA, Archiep. Caesarien. in Palaestina, Vicesger.

Tipografia Consorzio Nazionale - Roma, Via E. Q. Visconti, 2.